D1140527

canadianismes, belgicismes et helvétismes •

• variantes

mot d'entrée •

• transcriptions dans l'alphabet phonétique international

renvois à l'entrée principale •

• mise en relief des mots composés et des locutions

sigles et abréviations •

• signalisation claire des sens et du contexte

homographes •

• symbole qui remplace le mot d'entrée

signalisation des catégories grammaticales •

• rubriques

• informations sur le niveau de langue

renvois à l'infinitif •

formes féminines •

• explications lorsqu'il n'y a pas de traduction

équivalences culturelles •

• pluriels ayant leur sens propre

berceuse [bɛrsøz] *nf* **1.** *(chanson)* lullaby. **2.** *Can (fauteuil)* rocking chair.
cacahouète, cacahuète [kakawɛt] *nf* peanut.
contraire [kɔ̃trɛr] ◇ *nm*: **le ~** the opposite; **je n'ai jamais dit le ~** I have never denied it. ◇ *adj* opposite; **~ à** *(non conforme à)* contrary to; *(nuisible à)* harmful to, damaging to. ◆ **au contraire** *loc adv* on the contrary. ◆ **au contraire de** *loc prép* unlike.
contre-ordre = **contrordre**.
cornichon [kɔrniʃɔ̃] *nm* **1.** *(condiment)* gherkin. **2.** *fam (imbécile)* twit.
DVD *(abr de* **digital video disc)** *nm* DVD.
ferme¹ [fɛrm] *nf* farm.
ferme² [fɛrm] ◇ *adj* firm; **être ~ sur ses jambes** to be steady on one's feet. ◇ *adv* **1.** *(beaucoup)* a lot. **2.** *(définitivement)*: **acheter/vendre ~** to make a firm purchase/sale.
flotte [flɔt] *nf* **1.** *(AÉRON & NAVIG)* fleet. **2.** *fam (eau)* water. **3.** *fam (pluie)* rain.
goûter [gute] ◇ *vt* **1.** *(déguster)* to taste. **2.** *(savourer)* to enjoy. ◇ *vi* to have an afternoon snack; **~ à** to taste. ◇ *nm afternoon snack for children.*
mis, mise [mi, miz] *pp* → **mettre.**
patineur, -euse [patinœr, øz] *nm, f* skater.
pellicule [pelikyl] *nf* film. ◆ **pellicules** *nfpl* dandruff *(U).*
recteur [rɛktœr] *nm* (SCOL) *chief administrative officer of an education authority,* = (Chief) Education Officer *Br.*
trottoir [trɔtwar] *nm* pavement *Br*, sidewalk *Am.*

• équivalences en anglais britannique et américain

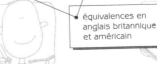